EL GRAN AMOR

ANDRÉS GARCÍA CERDÁN

EL GRAN AMOR

XXVII Premio Internacional de Poesía
Generación del 27

VISOR LIBROS

VOLUMEN MCCLXVIII DE LA COLECCIÓN VISOR DE POESÍA

Un jurado compuesto por Álvaro Galán, Jesús García Sánchez, Aurora Luque y J. A. Mesa Toré, presidido por Rosa Romojano y como secretaria María Jesús Bernet, concedió a este libro el XXVII Premio de Poesía Generación del 27.

Cubierta: *Ángel surfero*, de Isabel González,
sobre *L'Annunziacione di Cortona* de Fra Angelico, circa 1430

Isaac Peral, 18 - 28015 Madrid
www.visor-libros.com

ISBN: 979-13-87745-68-4
Depósito Legal: M-6691-2025

Impreso en España - Printed in Spain
Gráficas Muriel. C/ Investigación, n.º 9. P. I. Los Olivos - 28906 Getafe (Madrid)

A Teo y Almudena,
desde antes,
desde más

gigantic gigantic gigantic
a big big love.

The Pixies

LA ANUNCIACIÓN

PARA GUARDAR EN UN ESTUCHE DE MADERA DE CEDRO

Lo que hago ahora mismo es desvelar
algo que ya sabía,
algo
que estaba ahí,
en el barullo de las palabras, en
la oscuridad de nuestras
vulgaridades,
y que he entrevisto
no sé si con el sueño
o con la lucidez
de quien mira muy atentamente lo invisible.

No me siento especial. Tan solo vuelvo
los ojos
al mundo
y me dejo llevar por la corriente
de un agua subterránea.

Está todo ahí,
muy cerca, muy secreto.
Está en el cielo de la boca.

Voy a decirlo todo otra vez. Voy
a dejarlo desnudo en el lenguaje.

METEORITO

Desde el principio
lo supimos.

Desde el principio, sin saber
aún
de dónde eras
ni desde cuándo,
tampoco cómo había sido tu nacimiento
ni a quién habría que agradecerle aquel amor
tan grande,
tan absolutamente inesperado.

Venías del final de las galaxias,
esto es,
de muy cerca, en realidad.

Venías del final de todo el tiempo,
es decir,
de apenas un instante antes.

Venías de la última floración de las almas,
es decir,
de la misma nobleza de tu madre.

De más allá de todo
y de más dentro
que ninguna otra cosa, mucho más.

SIETE DE DICIEMBRE

Y aquí estamos, mirando el mar,
siguiendo el vértigo
de ese pájaro blanco
                                        —¿un alcatraz?—
que vigila las olas,
toma altura,
se suspende en el aire
y de golpe se arroja contra el agua.

Una y otra vez lo intenta.

Entra en las aguas
como entramos nosotros al lenguaje.

A bucear en el instinto.

La espuma blanca
lo confunde en sus propias plumas.

Imagino a los peces
huyendo como flechas líquidas
en todas direcciones,
en desbandada de reflejos.

Remonta el vuelo el alcatraz
sin haber conseguido nada
salvo este pobre intento de inmersión,
salvo el azul de todo.

AGUJEROS

Encuentro en el armario
un jersey que llevé de adolescente.
Está arrugado,
deshecho.
Tiene agujeros de distintas formas.

La lana que eligió mi madre
—antes rojo burdeos—
se desvanece en la erosión.

La vainica es un libro
que se ha descuadernado,
un ovillo de signos
dados de sí.

¿Al otro lado
hay alguien?

¿Quién nos escucha en su indolencia?

El descosido, la rotura,
las hebras sueltas:
semántica
de un texto lleno de agujeros,

unas pocas palabras destrenzadas
en las que algo
se está perdiendo siempre,

en las que siempre hay algo más.

SURFING LA MANGA

Me hablas del dolor tu cabello es rubio
a qué dolor te refieres.

J. F. Kosta

Entre las ramas de los ficus
y una señal de tráfico,
entre un anuncio de telefonía
y algunos edificios
en construcción, se alcanza a ver
allá a lo lejos
una franja de mar.

Me hablas de la sed,
de lo que amas.

Para llegar al agua,
has de cruzar isletas de cemento,
líneas amarillas
y algunos callejones
donde hacen hilera los cubos de basura,
los cactus desahuciados
y algunas tiendas de comida rápida.

Por la Gran Vía de La Manga, nadie.
Solo el silencio
dinamitado
por las motos de los repartidores.

En el vacío se equilibran
los hoteles desiertos,
apenas una luz
en un bloque de veinte alturas.

Un cartel nos invita a clases de alemán:
Die Zukunft ist da!

Los periódicos dicen que a la playa
llegan miles de peces a morir
heridos de fosfatos.

Me hablas de Anne Sexton,
de su locura deliciosa.

De fondo, un rumor.

El cartel de Surfing La Manga
se resiste a ceder la luz
que le queda del último verano.

Se alquilan motos de agua,
tablas de surf, tumbonas,
pero no todavía:
ahora todo está cerrado.

Al fin el mar,
tras la alambrada de un desguace,
como un animal gris
que se abraza a su presa justo antes de engullirla.

MIRA, TEO

Mira, Teo. Aún hay gorriones.
Es septiembre y se mueven
a tu lado. Los últimos
gorriones.
Se hacen
con un trozo de pan y vuelan cerca,
un poco, apenas unos metros,
y desde ahí te observan: te conocen.
Aunque tú no lo sepas,
su estirpe es el temblor,
el verde de los campos.
Desde antes están aquí.
Ahora bailan
en los semáforos, en la fachada
de Hacienda,
entre los coches,
o sin decir nada se van.
No hay sitio
para ellos en el ruido.
Si aparecen, si vienen hasta ti,
es porque saben
que tú eres su hermano. Míralos:
su eternidad,
su asombro,

su alegría.
En cada salto, el gran amor
del mundo,
una celebración del equilibrio.
Han venido a cantar contigo. Canta
con ellos. Dales pan, dales un nombre.

MIGUEL DE MOLINOS, 2023

No estamos solos. En las líneas
donde se habla de Dios y de la nada,
de la quietud,
encontré a Miguel de Molinos.
Escribía los signos en el aire
y arrastraba los hábitos
sobre el barro de una calleja en Roma.
¿Quién eres?, dijo.
¿Cuánto amas a Dios?
Miguel —le dije—, solo soy un hombre que lee
y va buscando en las palabras
la cordura, la salvación
de las cosas sagradas.
¿Cuánto te amas a ti mismo?, dijo.
Lo miraban con asco algunos buitres
del Santo Oficio. Quise
prevenirlo, pero él ya sabía adónde ir,
de qué forma callar
para que hablara el mundo.
Lo seguí por la plaza del mercado.
No lo asustaba el griterío de la gente.
Cogió un racimo de uvas, unas peras,
un manojo de puerros.
Míralos: callan.

En su silencio, la verdad.
En ellos Dios nos habla.
Se detuvo en la fuente y bebió con las manos.
Lo vi
diluirse en la transparencia.
Cerré las páginas,
tendí la ropa de la lavadora.
Después volví al salón sobre mis pasos.
Regresé a las palabras de la *Guía espiritual*.
Ahí se enseña que la nada
es el atajo
para quienes desean alcanzar
la pureza del alma.

GRADACIONES DEL VERDE

Las colinas, entre Bilbao
y Santander, al borde del Cantábrico,
nos hablan de la niebla.

La niebla es verde.

Como nubes fluorescentes,
de un verde
que hierve de electricidad
y que no es solo un color,
las colinas se mueven hacia el norte.

En esa hierba vibra aún
la primera explosión del universo.

La segunda explosión eres tú, amor mío,
que pones música en el coche
mientras se curva el tiempo,
mientras se pliega otra mañana de noviembre.

En esa hierba,
la primera sintaxis del lenguaje.

En esa hierba, el primer amor.

En esa hierba, nuestro amor,
que siempre es el primero.

Yo llamaría *música* a la hierba,
alga,
roble,
revolución.

La llamaría *hierba*.

SAINT-JEAN-DE-LUZ

Como una hoz de calma,
el mar
siega la costa.

Contra esta violencia,
la ciudad
se adormece en la altura de los cerros.

Es noviembre aún.

Las casonas descubren sus ventanas
para abrazar el ruido blanco
de la bahía.

BALLENAS

Algo vuelve a la superficie cuando dices *ballena.*

Algo flota en el nombre
del animal.

Lo que ha estado escondido en lo profundo
sale a la luz.

La palabra *ballena* es aire
y está llena de aire.

Φάλλαινα en griego:
la letra fi,
las alfas,
las landas,
la ni como espolón.

Siempre hay algo más,
una raíz que vuela.

Volvemos en su música al ilirio,
a un idioma anterior a todo.

Las palabras expulsan contra el cielo
el fondo de océano del lenguaje.

LO SUBLIME

Hablo de lo sublime con torpeza.

Lo sublime es esta mañana
en que solo se escucha el canto de los pájaros
—lo digo de verdad—
y, como en una oda de Fray Luis,
una brisa levísima
se arrastra sobre el mar
para dejarlo ir en toda su grandeza
hacia otra costa.

Lo sublime es el perfil de Cerro Negro,
que parece la cara de un rey íbero
surgiendo de las aguas,
mirando sin pestañear al sol.

Sublimes son tus ojos, hijo mío,
como almendras de luz,
cuando despiertas y nos miras.

Lo sublime es esta manera
de olvidarse del mundo
y de estar en el mundo

más que nunca:
el amor.

Con el cuaderno en las rodillas,
escribo mi poema sobre el día que viene,
sobre lo mucho que tenemos.

TRAS LA LLUVIA

La ciudad es hermosa tras la lluvia.
Una red de reflejos
va escribiendo en los charcos la alegría.

Se podría decir que llueve
a la memoria de mi padre.

Con las aguas me voy
a lo que está muy lejos. Salgo
al campo
(venid conmigo ahora si queréis,
acompañadme)
y ahí está de nuevo él
tan joven,
de pie sobre una roca,
fumando un cigarrillo.

Un poco más allá,
entre el pozo y la higuera, estoy yo.
Hundo las manos en la tierra
buscando un río
o vuelo por las ramas de un almendro
que hace años nadie poda.

Con la mirada sigo a nuestros galgos,
su líquida carrera hacia la noche.

Vámonos ya —me dice—. Es tarde.
Vamos, Andrés.
Se nos ha hecho
muy tarde.
Recoge lo que queda de este día
y vámonos.

UMBRAL

Esto somos tú y yo: la luz del fin del mundo.

AHORA SÍ

Pero mis manos de hombre
¿dónde empiezan?
ROBERTO JUARROZ

No han sido mías
hasta hoy
mis manos.
Casi alcancé con ellas
a alguien a quien quise mucho:
se quedaron atrás.
Con ellas hice cosas sin sentido,
por ejemplo, dar de comer a un buitre.
Nada, en el fondo.
Tampoco en las alturas de la noche.

¿De qué
les habría servido ir dentro,
en los bolsillos,
o lanzarse a los aires por creer
en lo increíble
si no eran de nadie?

Al llevarlas a ti esta mañana,
al mantenerte

como un copo de nieve contra el pecho,
he empezado a entender
lo que ocurría.

Ahora sí, mis manos son amor
e incertidumbre.

Del otro lado de las cosas vienen:
anuncian la inocencia.

LOS CEDROS

Enamorado de los cedros,
de las ramas torcidas del olivo,
del polvo,
de las viñas azules,

caminas por la tierra
que el lince ha consagrado en su maullido
de extinción
                    y por valles
donde hubo una vez un río,
donde ya nada hay
salvo esta presencia subterránea
de lo vivido en otras vidas.

Todo tiende a desvanecerse.

Y, sin embargo,
cuanto más invisible es lo que ves
tanto más increíble su certeza
en esta carne.

LIBÉLULA

La errática canción de la libélula
traza en el aire de la tarde
un mapa.

Sobre el agua en remanso de un regato
que nace en la piscina,
entre el polvo y la hierba,
el insecto dibuja un laberinto
de vuelo.

A veces se detiene sobre una rama seca
o inquiere las orillas desbordadas
de un charco.
Se levanta a los aires
y vuelve
a explorar esa inmensidad
cuyo fondo es un cielo azul, envenenado de verano.

Destila orgullo y elocuencia,
fragilidad.

Suspendida en la nada,
en vuelos que vienen y van
sin saber muy bien desde cuándo

ni adónde
ni hacia quién,
va dejando su hilo de oro apresurado,
un polen transparente
que lo recoge todo
y que todo lo purifica.

He ido uniendo en mi cabeza
esta deriva suya,
su no estarse quieta nunca.
Lo que he encontrado al fin,
como imagen completa de este día de julio,
son los ojos sin dueño de mi madre.

MENTIRAS, MENTIRAS

EL GRAN RECHAZO

Habla Marcuse del arte
como *gran rechazo* del mundo.

John Berger se detiene en esa imagen.
Luego recuerda haber escrito
que el arte es mediación
entre aquello que nos es dado
y lo que deseamos.

Esa idea —cilindro, pasadizo—
está ahí
como una posibilidad.

Hay, sin embargo, algo absolutamente imposible:
compartir la realidad,
porque la realidad es lo único que no es real,
algo que está
siempre haciéndose, siempre siendo.

Giacometti, los místicos, los ebrios de luz
se dan a la contemplación
del fuego
y lo saben: no hay final
para el poema.

La mirada y el pensamiento
han de ceñirse a eso
que está *constantemente suspendido*:

la escurridiza realidad nuestra,
el instante en que todo es y deja de ser.

Solo inercia, solo rechazo.

PIEDRAS

Les pieds dans les glaïeuls, il dort.
ARTHUR RIMBAUD

Después de haber andado mil kilómetros
con la maleta a cuestas,
bebía orujo blanco en los cafés.

Parecía el soldado muerto
de su poema.

En la mano,
                    una piedra
recogida en la tumba de Rimbaud.

Una piedra grisácea
que tenía la forma de una calavera.

Me sentí solo en Charleville-Mézières,
muy solo.

Sobre las alpacas cilíndricas,
sobre el heno
dejé
que mi dolor rodara
por los campos de las Ardenas.

MENTIRAS, MENTIRAS

Íbamos por las calles
intentando escucharnos en mitad del escándalo,
pero no escuchábamos nada.

No había nada
que oír.

Palabras y palabras a nuestro alrededor,
un ruido atroz, como de cosas
rotas, que crujen
y se desgajan
y se hacen
añicos.

Paradójicamente, aquello era el silencio,
el silencio absoluto.

Lo real se colaba por el ruido
como se cuela el agua sucia
por el sumidero de las pilas de fregar.

Hablaba todo el mundo
de todo,
pero todo era silencio en todo.

Tanto bullicio para qué.

Ahorcada en los semáforos
moría la verdad,
esto es, todo lo que
tiene que ver con la belleza.

Ya no olían a nada los limones:
dónde su cristal amarillo,
el jugo de su hermoso ácido.

Tanta caducidad,
tanta mentira,
etcétera.

TEMPORADA DE HURACANES

Mueren las rosas a pesar de la lluvia.
CLARA JANÉS

Un día en Selinunte,
entre caballos blancos y alacranes.

Habíamos llegado al santuario
—apenas un montón
de escombros y amapolas,
una laguna seca—
para honrar a los dioses.

Sentados en la lástima de un friso,
derramamos el vino
contra la infamia universal,
tal vez en un momento inapropiado.

Y, mientras tanto, a toda voz,
en las televisiones de los bares
la noticia podrida de la muerte
en la otra orilla del Mediterráneo.

Sin rendirnos, nos dimos a la lluvia,
que bautizaba el mundo
como si fuera aún posible bautizarlo.

EL CASCO ÍBERO

En los sótanos del museo provincial,
el casco de un guerrero íbero.
En realidad, poco más que un trozo
de hierro
chafado por las rocas. En su urna,
exhibe el óxido
de todo un desengaño.
El herrero orgulloso que fundió el mineral
le puso en lo más alto
un botón, el pistilo de una flor
que invocara la sangre.

Alguien hubo una vez que lo llevó en la guerra.

Amada arqueología
de la noche, recuérdame su nombre
y dime cómo fue su vida,
en qué lenguaje habló con las montañas.
Y déjame pasar
la mano ingrata por sus grietas,
por la rugosidad de su milagro.

De regreso a la calle, todo sigue
teniendo el mismo olor
de las cosas en descomposición.

BENDICIÓN

La gratitud con que el laurel del patio
nos ofrece su incendio verde
no conoce más límites que estos cielos del sur.

No tiene límites el cielo.
Por algo será, digo yo, por algo.

Tú buscas el asombro
en las cosas elementales
y te elevas en ellas.

Hueles una a una
las hojas:
reconoces en su perfil alabeado
el olor de la savia.

Eres puro lenguaje
mientras lucha el laurel contra el invierno.

Eres puro lenguaje y llamas *lluvia*
a las últimas lluvias.

DESCUBRIMIENTO DE EUROPA

La arena está ardiendo. La juventud
es mercurio salvaje entre los pinos.
Te atreves a leer *Sobre los ángeles*
mientras van los amigos a la orilla
del mar y desde allí te gritan.
Has llegado a Campello. Eres un joven
de algún pueblo del interior y todo
está ocurriendo por primera vez.
Lees el libro: sombras, obsesiones,
imágenes de un hueso que se hunde.
No levantas la vista de las páginas
hasta que algo te conmueve: el sol
está cayéndose del otro lado
de lo desconocido, el mar intenta
abrir la nuez del cielo a golpes.
El día se deshace en un espasmo.
Surgida de las aguas, la muchacha
arrastra una tabla de surf, te mira,
qué estás leyendo, dice, *tú quién eres.*
Es finlandesa, piensas, o italiana.
Sus palabras importan, te atraviesan.
En sus pequeños pechos reconoces
la anunciación del ángel y su vértigo.
En ella descubres la hermosa Europa.

LA INVENCIÓN DEL NORTE

Inventaremos el desierto blanco,
el iceberg —decías—,
las flores árticas,
los campos electromagnéticos.

Habrá narvales y belugas
que hundan su espejismo bajo el hielo.

Después inventaremos
la rueda de los vientos, que nos grita
y nos desnuda
y nos expone ante el amor.

Más tarde, inventaremos un deshielo
que venga del lenguaje,
como quiso Thomas Tranströmer.

Inventaremos una noche eterna
y la fe del inuit,
que en los huesos de foca busca a Dios.

Todo aquello que amamos será un fiordo
jamás domesticado,
un alud que haga bailar a los abetos.

ALTURAS

Adoro ese hierbajo
que hunde su raíz en las baldosas
o se estira en los techos de uralita
como si ahí
fuera a encontrar el cielo.

En su insistencia,
la más alta lección de ética.

Su esplendor para nadie
nos convierte en amantes de lo mínimo.

Ante este éxtasis vulgar,
ante el temblor de lo invisible,
morir de amor.

Malditos sean los mezquinos,
los que van por ahí ajenos
a la fragilidad.

BILAL SALEH

(De Sawiya, Palestina,
asesinado en sus tierras el 28 de octubre de 2023)

La miel fluía
de la taza quebrada.
AUDRE LORDE

Despiertas sobre el hambre,
sobre una humillación de siglos.

Ocurre una y otra vez.

Un río de desechos y rencor
viene a matarte.

Una sangre vitriólica.

Aprendes a morir en lo indecible.

Aguantas esta asfixia,
la convulsión,
hasta que alguien dispara a bocajarro
dos veces:
al cuello, a las costillas.

Hay un agricultor
que esta noche no ha vuelto a casa.
Lo han asesinado en sus olivos.

AL REGRESAR

Este poema nace en lo más árido.
Ha sido escrito aquí,
en mitad de la nada.

Tal vez sea por eso,
como dice Cervantes, un poema
avellanado.
Caía el sol a plomo
y las ideas
se han ido evaporando
hasta ser solo una pavesa incandescente.

No siempre, sin embargo, ha sido así.

Me ocurre que, si viajo a algún lugar,
casi a cualquier otro lugar,
me siento joven,
muy joven,
y en su luz, en sus puentes, en su lengua,
descubro lo mejor de mí.

En lo desconocido
me invento.

Despierto
lejos
y estoy muy cerca.

Hay palmeras eléctricas,
una diosa grabada en una piedra
y lluvia limpia
y un beso entre las últimas secuoyas.

Estando por ahí, mi corazón
no es mío
y es más mío que nunca.

Al regresar,
palidecen los días entre escombros,
se secan las palabras.

Me espera lo que sé,
lo que me sabe demasiado,
el dogal amarillo que más duele.

IMPALA

Ay inocencia, cuánto nos hemos arrastrado juntos.

JOSÉ ÁNGEL VALENTE

Lo vi luchar
por un lugar en su rebaño.
Era en el Serengueti,
en el inmenso cráter de un volcán extinguido.
Desde su nacimiento
lo había señalado la genética:
no marrón, sino blanco.
Con total inconsciencia se movía
por las largas llanuras
como si fuera uno más.
Así se fue perdiendo en el peligro
de ser distinto
bajo el sol infernal de África.
Le mordían los viejos machos,
lo coceaban agriamente.
Anduvo solo algunos días
por los alrededores,
buscándose en su sombra,
hijo de nadie ya, hermano de ninguno.
Se moría de hambre.
No lo mataron las leonas.
Se deshizo en la sed, en la rareza.

INCLINACIONES

Todos los ríos fueron alguna vez mis ríos.
En ellos puse el alma
y una búsqueda inquebrantable,
hecha a prueba de vértigos
y miedos.

Si me distrajo la corriente,
si me arrastró hasta lo más hondo,
fue solo por amor:

a lo que ha sido,
a lo que es,
a lo que deja de repente
de ser.

Más que nunca, me hundo en estas aguas,
las dejo deshacerme en la ignorancia.

En ellas leo la lentitud del cauce,
su inclinación hipnótica.

SI OCURRE

Si ocurre, será hoy. No lo verás
venir.

Primero habrá una imagen,
una explosión de imágenes.

Luego un rumor
que en su deriva irá desbordándolo todo.

Después una palabra
en la que quepa esta ruptura
de la nada, esta
desobediencia tuya del lenguaje.

En lo inesperado del gesto
serás tú mismo
algo
que sucede solo una vez
y que tiene las proporciones de un milagro.

LITTLE WING

Al otro lado del jardín,
bajo los pinos,
junto a las lilas del verano,
escucho
la voz
de mi hijo.

Está jugando
a encontrar una piedra
y a coger una pala amarilla de plástico,
a dejarse caer.

Con las manos nos habla.
Con los ojos.

Aún no tiene un año,
pero nos habla.

Su voz pequeña
(¿puede ser pequeña una voz así?)
atraviesa la luz del mediodía
para decirnos
a todos
(también a ti que lees)
que estamos vivos.

BLANCURA

Y Jon Fosse,
al final del camino que se adentra en el bosque,
dentro del coche,
atascado en el barro,
mirando cómo el limpiaparabrisas
se lleva la nieve que cae
y que lo ha ido
cubriendo todo en su blancura.

Es blanco también el dolor que siente.
Temor, lo llama.

Hace apenas unos minutos
seguía el vuelo de los copos
desde lo alto
hasta que se perdían
entre las ramas de los árboles, en el suelo.
Luego ha sido imposible porque nevaba mucho
y se ha dicho ya basta.

Ahora enciende la calefacción,
apaga el limpiaparabrisas
y se deja
cubrir
por el manto invisible de lo desconocido.

LETTERA APERTA

Los poemas de *El gran amor* fueron escritos entre septiembre de 2023 y junio de 2024. Su origen es una anunciación.

En palabras de Rainer Maria Rilke,

> que un ángel entrara no fue (compréndelo)
> lo que nos hizo estremecernos.

Hay algo mucho más grande, más *terrible* que un ángel.

Ay.

Teo vio el mar por primera vez en Saint-Jean-de-Luz a finales de noviembre. Luego nos fuimos surfeando la corriente, de Santander a La Manga del Mar Menor, de Las Negras a Port d'Andratx o la costa volcánica de Famara.

También Albacete, por supuesto, y Fuenteálamo, que flotan sobre aguas invisibles.

No otra cosa es la poesía: flotar sobre aguas invisibles, imposibles.

Donde estuvimos procuramos honrar la memoria y las palabras de Ibn Arabí: «Del amor hemos nacido. / Según el amor hemos sido hechos», lo que parece haber sido olvidado sin remedio en nuestros días.

Sea nuestro el Gran Rechazo a la violencia.

Herbert Marcuse lo explicaba en *El hombre unidimensional* (Planeta-DeAgostini, 1993: 271):

Hoy, en el próspero Estado de guerra y bienestar, las cualidades humanas de una existencia pacífica parecen asociales y antipatrióticas: cualidades como la negativa a la rudeza, la brutalidad y el espíritu gregario: la desobediencia a la tiranía de la mayoría; la aceptación del temor y la debilidad (¡la reacción más racional a esa sociedad!); una inteligencia sensible, enferma por lo que se está perpetrando; el compromiso con las endebles y ridículas acciones de protesta y rechazo. También estas expresiones de humanidad serán obstruidas por los compromisos indispensables: la necesidad de protegerse, de ser capaz de engañar a los engañadores y vivir y pensar a pesar de ellos. En la sociedad totalitaria, las actitudes humanas tienden a hacerse escapistas; para seguir el consejo de Samuel Beckett: «No esperes a ser cazado para esconderte…».

Quiero dedicar el libro entero a Bilal Saleh, de Sawiya, Palestina, cazado, asesinado por ladrones de tierra israelíes mientras trabajaba en sus olivos.

Qué vergüenza.

El poema «Surfing La Manga» es para Pedro Herrero. Carlos Pardo hace una aparición estelar en «Mentiras, mentiras»; Constantino Molina y Ben Clark, en «Tras la lluvia». «Temporada de huracanes» es para María Ángeles Pérez López y su *Libro mediterráneo de los muertos*; «Agujeros», para Jaime Siles; «Alturas», para Carmen Palomo y Antonio Praena; «Gradaciones del verde» para Marcos Díez, Lorenzo Oliván y Carlos Alcorta; «Blancura», para Jon Fosse.

Gracias a Isabel González por su ángel y su surf.

Gracias infinitas a Juan Andrés García Román y a Almudena por sus sugerencias: han desvelado un texto más radical.

A la memoria del poeta murciano José Óscar López.

Con él y con David Bowie seguimos cantando:

Oh I'll be free
just like that bluebird.

Mis hermanos están en cada línea de estas páginas: los adoro.

(Stazzo - Fuenteálamo, diciembre de 2024)

ÍNDICE

LA ANUNCIACIÓN

MENTIRAS, MENTIRAS

Esta primera edición de *El gran amor* se acabó
de imprimir el 12 de febrero de 2025,
cuando se cumplen 41 años del
fallecimiento de Julio Cortázar,
ese Gran Cronopio.